Lectura y Escritura Para Mí:

Leyendo la Biblia **2**

Este libro pertenece a:

_____

Lectura y Escritura Para Mí:

Leyendo la Biblia 2

© 2019 All rights reserved by Abby Hinojos.

Busca otros libros:

Lectura y Escritura Para Mí: Aprender a Leer

Lectura y Escritura Para Mí: Leyendo la Biblia

Matemáticas Para Mí: Niveles A-F

Mi Libro de Restar

Mi Libro de Sumar

La Niña Que No Va a la Escuela

Mi Cuaderno de Notas

Nota para padres:

Primero que nada, gracias por comprar este libro, espero les sea de bendición.

Como siempre, hice este libro para que mis propios hijos lo utilicen y me gusta compartirlo con otras familias.

Con este libro pretendo que los niños sigan leyendo y estudiando su Biblia sin importar que traducción utilicen.

La dinámica de este libro es leer unos versículos bíblicos y después los niños realizaran alguna actividad como contestar preguntas acerca de la historia, hacer algún dibujo, buscar una palabra en el diccionario, etc.

He seleccionado algunas de las historias más conocidas, así que si lo desean o si sus niños aún no están listos para leer el texto bíblico pueden utilizar un libro de historias bíblicas.

¡Dios les bendiga!

Abby

Tabla de Contenido

Génesis 1:1-8

Lee Génesis 1:1-8. Subraya la respuesta correcta.

1) ¿Cuál es el tema principal de esta historia?

a) La creación

b) Los animales

c) Los árboles

2) ¿Qué creó Dios el primer día?

a) Al hombre

b) El día y la noche

c) El sol

3) ¿Qué creó el segundo?

a) El oso

b) Un avión

c) El cielo

Génesis 1:9-19

Lee Génesis 1:9-19. Dibuja lo que Dios hizo en los días tres y cuatro.

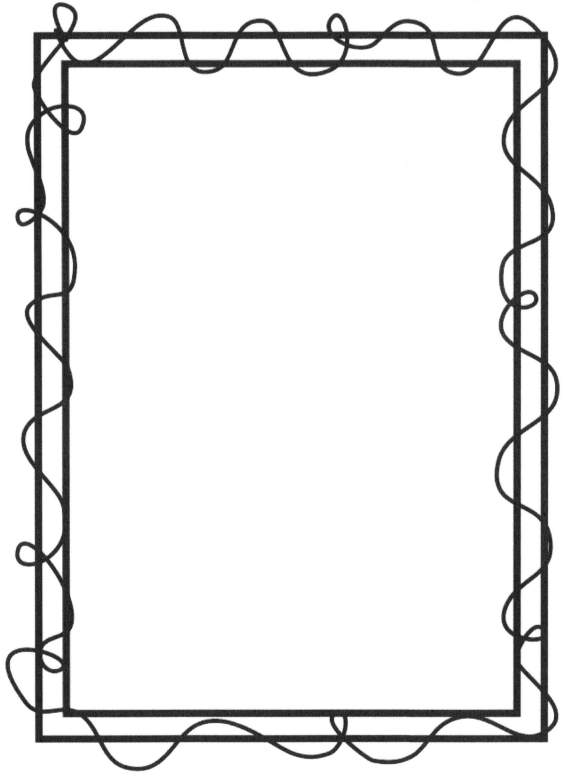

Génesis 1:20-31

Lee Génesis 1:20-31. Subraya verdadero o falso.

1) Dios creó al hombre el sexto día.

    a) Verdadero

    b) Falso

2) El hombre se alimentaría de animales.

    a) Verdadero

    b) Falso

3) Dios considero que lo que había hecho era bueno.

    a) Verdadero

    b) Falso

4) Dios creó a los animales marinos y a las aves el mismo día.

    a) Verdadero

    b) Falso

Génesis 2:1-4

Lee Génesis 2:1-4. Son siete días de la creación. Dibuja el día que más te gustó y escribe el por qué.

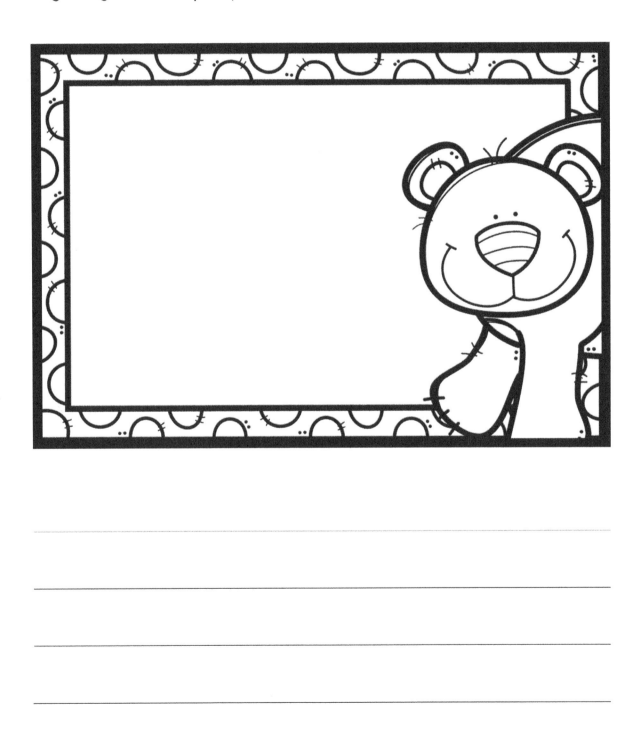

_____

_____

_____

_____

Génesis 3:1-17

Lee Génesis 3:1-17. Dios castigo a la serpiente, a Adán y a Eva.
Relaciona con una línea la **causa** con su **efecto**.

La serpiente engañó a Eva	Tener con dolor a sus hijos.
Eva comió del fruto.	Trabajar para cosechar su comida.
Adán comió del fruto.	Se arrastra sobre su vientre.

Busca en el diccionario la palabra **enemistad**,
escribe el significado.

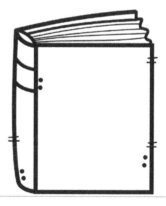

_____

_____

_____

_____

Génesis 6:9-21

Lee Génesis 6:9-21. Con base a la historia de Noé completa el cuadro.

Lugar:
Personajes:
Problema:
Solución:

Génesis 7:11-24

Lee Génesis 7:11-24. Haz un dibujo acerca del diluvio.

Busca en el diccionario las siguientes palabras.

Arca:

Diluvio:

Inundación:

Especie:

Génesis 9:1-17

Lee Génesis 9:1-17. Subraya la respuesta correcta.

1)¿Cuál fue la promesa que Dios le hizo a Noé?

a) No destruir la tierra con un diluvio otra vez.

b) Darle muchos hijos.

c) Regalarle la tierra.

2)¿Cuál era la señal del pacto?

a) Las nubes.

b) El sol.

c) El arco iris.

Dibuja un arco iris.

Tabla de Contenido

Busca en tu Biblia la Tabla del contenido.

1. ¿Cómo se llama el primer libro de Biblia?

_____

2. ¿En qué página está el libro de Génesis?

_____

3. ¿Cuál libro está enseguida de Génesis?

_____

4. ¿Cuántos Testamentos hay?

_____

5. ¿Cuál es el último libro del Antiguo Testamento?

_____

6. ¿En qué página está el libro de Malaquías?

_____

Génesis 37:2-11

Lee Génesis 37:2-11. Subraya la respuesta correcta.

1) ¿Quién era el hijo favorito de Israel?

    a) Judá.

    b) José.

    c) Rubén.

2) ¿Qué le regalo Israel a José?

    a) Las nubes.

    b) Una paleta.

    d) Una túnica de colores.

Dibuja uno de los sueños de José.

Sopa de Letras

Busca las siguientes palabras en la sopa de letras: JOSE, JACOB, TUNICA, SUEÑOS, JUDA, RUBEN.

A	S	D	F	G	H	J	K	L	Ñ	Z
X	C	V	T	U	N	I	C	A	B	N
M	J	Q	W	E	R	T	Y	U	I	O
P	A	A	S	D	F	G	H	J	K	L
Ñ	C	Z	X	C	V	J	U	D	A	B
N	O	M	Q	W	E	R	T	Y	U	I
O	B	P	A	S	D	F	G	H	J	K
L	Ñ	Z	X	J	O	S	E	C	V	B
R	U	B	E	N	N	M	Q	W	E	R
T	Y	U	I	O	P	A	S	D	F	G
H	S	U	E	Ñ	O	S	J	K	L	Ñ
Z	X	C	V	B	N	M	Q	W	E	R

Génesis 37:12-36

Lee Génesis 37:12-36. Escribe los números del 1 al 5 para indicar el orden en que sucedieron los hechos.

_____Los hermanos de José quieren matarlo.

_____Engañaron a su padre haciéndole creer que José había muerto.

_____Venden a José como esclavo.

_____Rubén planea salvar a José.

_____Arrojan a José en una cisterna.

Busca en el diccionario la palabra **cisterna**, escribe el significado.

_____

_____

_____

_____

Génesis 41:1-39

Lee Génesis 41:1-39. Con base a la historia de José completa el cuadro.

Lugar:
Personajes:
Problema:
Solución:

Génesis 41:53-42:7

Lee Génesis 41:53-42:7. Dibuja a cada uno de los personajes.

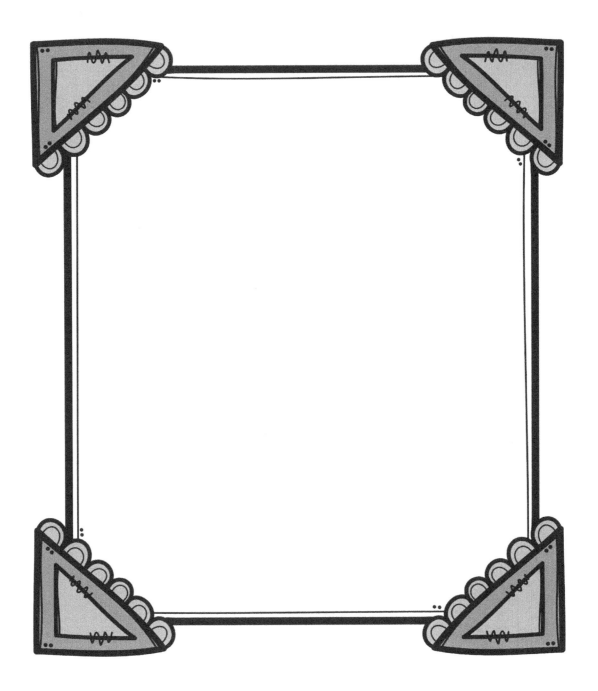

Génesis 42:8-24

Lee Génesis 42:8-24. Lee las oraciones y encierra el antónimo de la palabra subrayada.

1)De aquí no saldrán con vida a menos que traigan a su hermano <u>menor</u>.

    a) mayor

    b) grande

    c) pequeño

2)<u>Lleven</u> alimento para calmar el hambre de sus familias.

    a) coman

    b) carguen

    c) traigan

3)Ellos no sabían que el <u>entendía</u> todo lo que estaban diciendo.

    a) desconocía

    b) comprendía

    c) buscaba

4)José se apartó de ellos y se echó a <u>llorar</u>.

    a) brincar

    b) tirar

    c) reír

Génesis 42:25-43:15

Lee Génesis 42:25-43:15. Contesta las preguntas.

1. ¿Por qué estaba el dinero en los costales de la comida?

_____

_____

_____

_____

2. ¿Por qué los hijos de Jacob regresaron a Egipto?

_____

_____

Génesis 43:16-34

Lee Génesis 43:16-34. Busca en el diccionario las siguientes palabras.

Mayordomo:
Tesoro:
Reverencia:

Génesis 44:1-17

Lee Génesis 44:1-17. Con base a la historia de José completa el cuadro.

Lugar:
Personajes:
Problema:

Génesis 44:18–45:16

Lee Génesis 44:18–45:16. Haz un dibujo de la reunión familiar entre los 12 hermanos.

Génesis 45:17-46:5

Lee Génesis 45:17-46:5. Investiga y contesta las siguientes preguntas.

1. ¿Cuántos libros tiene la Biblia?

_____

2. ¿Cuál es el primer libro de la Biblia?

_____

3. ¿Cuántos capítulos tiene el libro de Génesis?

_____

Salmo 117

¿Sabías que el libro de los Salmos es una colección de canciones? Por lo tanto, son considerados poemas. Lee el Salmo 117, luego escribe los 2 versículos.

Salmo 23

Lee el Salmo 23. Elige el versículo que más te gusto y escríbelo.

Sopa de Letras

Busca las siguientes palabras en la sopa de letras: SALMO, JEHOVÁ, PASTOR, DESCANSAR, AGUAS, ALMA.

S	X	C	V	B	N	M	Q	W	E	R
A	P	A	S	T	O	R	G	H	A	J
L	U	I	O	P	A	S	D	F	G	K
M	Ñ	Z	X	C	V	B	N	M	U	Q
O	E	R	T	Y	U	I	O	P	A	A
S	D	J	E	H	O	V	A	V	S	N
F	G	H	J	K	L	Ñ	Z	X	C	B
A	L	M	A	M	Q	F	E	R	T	Y
U	I	O	P	A	S	D	G	H	J	K
L	Ñ	D	E	S	C	A	N	S	A	R
Z	X	C	V	B	N	M	A	S	D	F
G	H	J	K	L	Ñ	Q	W	E	R	T

Salmo 150

Lee el Salmo 150. Escribe el versículo 6.

Éxodo 1:6-22

Lee el Éxodo 1:6-22. Marca con una X si las acciones de los personajes están **bien** o **mal**.

Acciones de los personajes	Bien	Mal
Los egipcios oprimían a los israelitas.		
El faraón ordenó que lo bebés recién nacidos que fueran niños murieran.		
Las parteras dejaron con vida a los varones.		

Subraya la respuesta correcta.

1)¿Por qué los egipcios oprimían a los israelitas?

a) Por amor.

b) Porque tenían miedo.

c) Porque eran amigos.

Éxodo 2:1-10

Lee el Éxodo 2:1-10. Según la lectura describe como era Moisés.

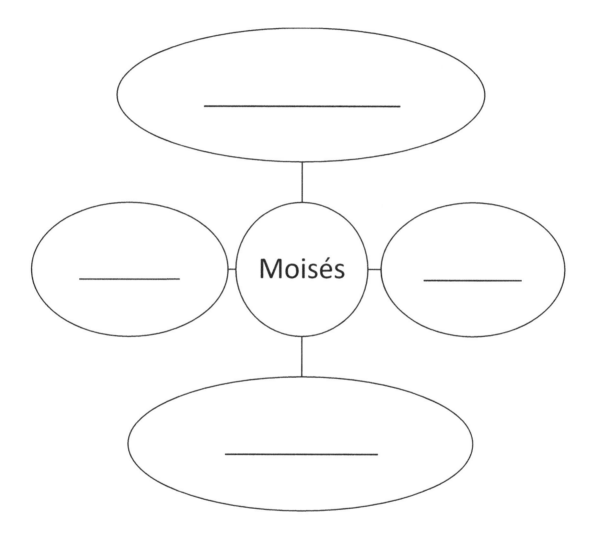

Dibuja a la hija de faraón.

Éxodo 4:18-31

Lee el Éxodo 4:18-31. De la lectura de hoy elige 4 palabras que no entiendas y búscalas en el diccionario. Escribe la definición aquí.

1.

2.

3.

4.

Éxodo 7:6-13

Lee el Éxodo 7:6-13. Subraya la respuesta correcta.

1)¿Cuántos años tenía Moisés?

　　a)80 años

　　b)83 años

　　c)90 años

2)¿Con qué objeto harían un milagro?

　　a)Un árbol.

　　b)Una vara.

　　c)Un vaso.

3)¿En que se convirtió la vara de Moisés?

　　a)En una serpiente.

　　b)En una flor.

　　c)En un león.

Éxodo 7:14-24

Lee Éxodo 7:14-24. Contesta lo siguiente de acuerdo con la lectura.

Lugar:
Personajes:
Problema:
Solución:

Éxodo 8:1-15

Lee Éxodo 8:1-15. Haz un dibujo que represente esta plaga.

Busca en tu Biblia, lee y escribe Éxodo 15:1.

Éxodo 8:16-19

Lee Éxodo 8:16-19. Haz un dibujo que represente esta plaga.

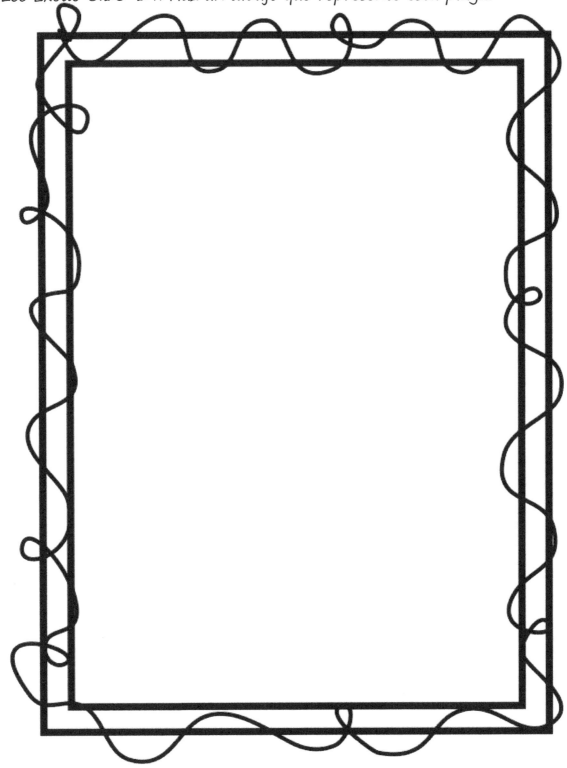

Busca en tu Biblia, lee y escribe Éxodo 15:2.

Éxodo 8:20-32

Lee Éxodo 8:20-32. Haz un dibujo que represente esta plaga.

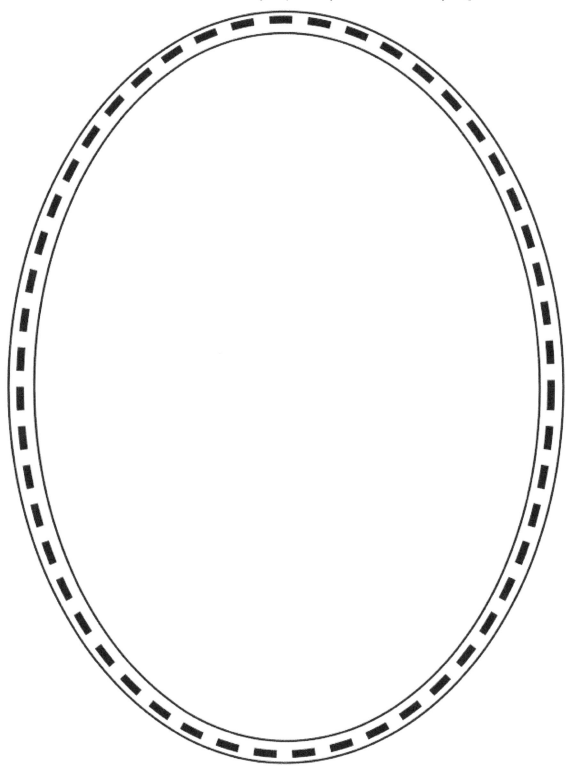

Busca en tu Biblia, lee y escribe Éxodo 15:3-4.

Éxodo 9:1-7

Lee Éxodo 9:1-7. Haz un dibujo que represente esta plaga.

Busca en tu Biblia, lee y escribe Éxodo 15:5.

Éxodo 9:8-12

Lee Éxodo 9:8-12. Haz un dibujo que represente esta plaga.

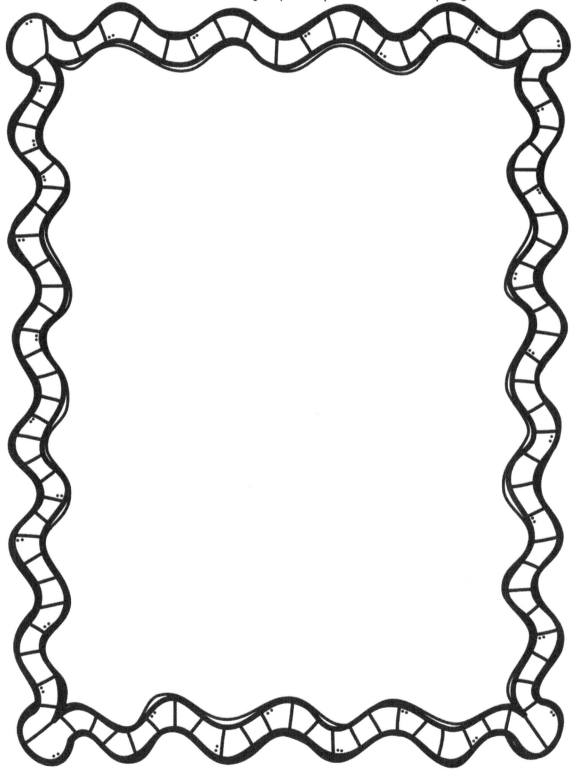

Busca en tu Biblia, lee y escribe Éxodo 15:11.

Éxodo 9:13-35

Lee Éxodo 9:13-35. Haz un dibujo que represente esta plaga.

Busca en tu Biblia, lee y escribe Éxodo 15:13.

Éxodo 10:8-20

Lee Éxodo 10:8-20. Haz un dibujo que represente esta plaga.

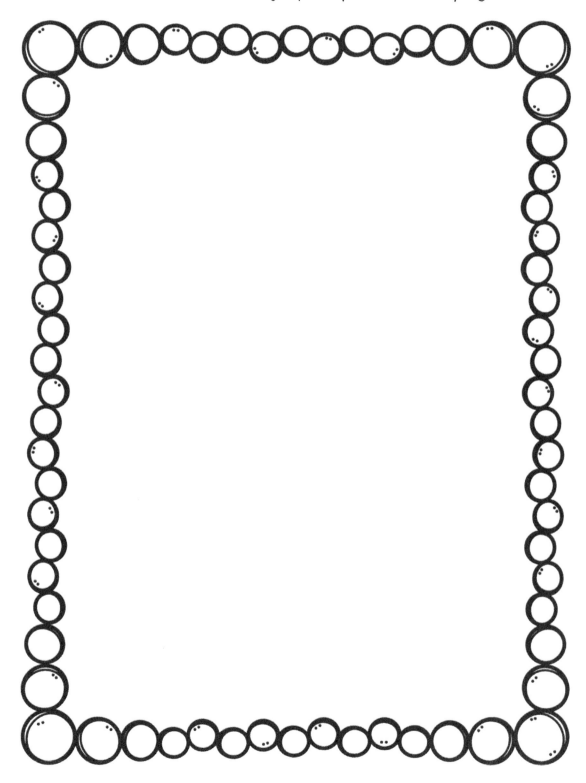

Busca en tu Biblia, lee y escribe Éxodo 15:18.

Éxodo 10:21-29

Lee Éxodo 10:21-29. Haz un dibujo que represente esta plaga.

Busca en tu Biblia, lee y escribe Éxodo 15:21.

Éxodo 11:1-10

Lee Éxodo 11:1-10. Escribe los números del 1 al 10 para indicar el orden en que sucedieron las plagas.

____La plaga de piojos

____El agua se convierte en sangre

____La plaga en el ganado

____La plaga de las ranas

____La plaga de langostas

____La plaga de tinieblas

____La plaga de úlceras

____Muerte de los primogénitos

____La plaga de moscas

____La plaga de granizo

NOTA:

Cuando Jehová envió las plagas a Egipto ningún israelita salió herido.

Dios siempre cuida de los suyos.

Éxodo 12:37-42

Lee Éxodo 12:37-42. Investiga y contesta las siguientes preguntas.

1. ¿Qué significa la palabra "Pentateuco"?

_____

_____

2. ¿Cuáles son los cinco libros del pentateuco?

_____

_____

_____

_____

3. ¿Quién escribió los libros que se encuentran en el pentateuco?

_____

Éxodo 13:17-22

Lee Éxodo 13:17-22. Investiga y contesta las siguientes preguntas.

1. ¿Cuáles son las otras divisiones del Antiguo Testamento?

_____

_____

_____

_____

2. ¿Cuáles son los libros poéticos en la Biblia?

_____

_____

_____

_____

3. ¿Cuántos libros históricos hay?

---

4. ¿Cuántos profetas mayores?

---

5. ¿Cuántos profetas menores?

Éxodo 14:1-31

Lee Éxodo 14:1-31. Escribe lo que pasó en estos versículos y haz un dibujo del mar rojo.

Salmo 100

Lee el Salmo 100. Elige el versículo que más te gusto y escríbelo.

Salmo 1

Lee el Salmo 1. Escribe el versículo 6.

Éxodo 20:1-17

Lee Éxodo 20:1-17. Escribe los 10 mandamientos.

Mandamientos

1

2

3

4

5

6

7

8

9

10

Lucas 1:1-25

Lee Lucas 1:1-25. Subraya la respuesta correcta.

1) ¿Quién era el rey de Judá?

    a) Herodes

    b) Juan

    c) Pablo

2) ¿Cómo se llamaba la esposa de Zacarías?

    a) Ana

    b) Elisabet

    c) Rocío

3) Cuando Zacarías no creyó, ¿cuál fue su castigo?

    a) Quedarse mudo

    b) No tener hijos

    c) Perder el sacerdocio

Lucas 1:26-38

Lee Lucas 1:26-38. Contesta las siguientes preguntas.

1. ¿Cuál era el nombre del ángel que se le apareció a María?

_____

2. ¿Cómo se llamaría el hijo que tendría María?

_____

3. ¿Hay algo imposible para Dios?

_____

Lucas 1:57-66

Lee Lucas 1:57-66. Dibuja al bebé Juan.

Lucas 2:1-7

Lee Lucas 2:1-7. Dibuja al bebé Jesús.

Lucas 2:8-20

Lee Lucas 2:8-20. Escribe Lucas 2:14.

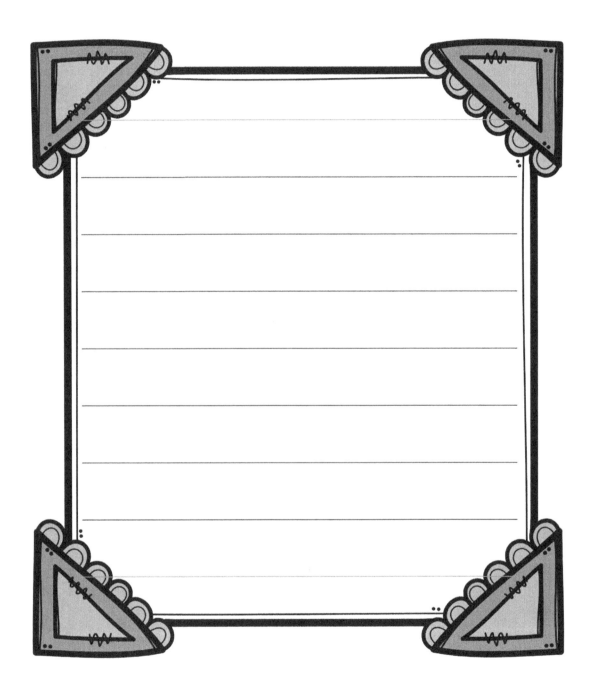

Lucas 3:1-22

Lee Lucas 3:1-22. Escribe los números del 1 al 5 para indicar el orden en que sucedieron los eventos.

_____Jesús fue bautizado.

_____Juan predicaba el bautismo de arrepentimiento.

_____Se oyó una voz del cielo.

_____El Espíritu Santo bajo en forma de paloma.

_____Muchos acudían a Juan para que los bautizara.

Busca en el diccionario la palabra **Cristo**,

escribe el significado.

_____

_____

_____

_____

Lucas 4:1-13

Lee Lucas 4:1-13. Completa el cuadro.

Lugar:
Personajes:
Problema:
Solución:

Lucas 4:38-44

Lee Lucas 4:38-44. Busca en el diccionario las siguientes palabras.

Sinagoga:

Reprender:

Padecer:

Predicar:

Lee las oraciones y encierra el sinónimo de la palabra subrayada.

1)Le pidieron a Jesús que la <u>ayudara</u>.

    a) auxiliara

    b) dejara

    c) tapara

2)Él puso la mano sobre cada uno de ellos y los <u>sanó.</u>

    a) gritó

    b) enfermó

    c) curó

Lucas 5:12-16

Lee Lucas 5:12-16. Contesta las preguntas.

1. ¿Qué le pidió el hombre con lepra a Jesús?

_____

_____

_____

2. ¿Qué le ordenó Jesús al hombre?

_____

_____

_____

Lucas 5:17-26

Lee el Lucas 5:17-26. Busca en el diccionario la palabra **fariseo**, escribe el significado.

_____

_____

_____

_____

Marca con una X si las acciones de los personajes están **bien** o **mal**.

Acciones de los personajes	Bien	Mal
Unos hombres llevaron a un paralítico para que Jesús lo sanara.		
Los fariseos y maestros de la ley criticaron a Jesús.		
El hombre que fue sano alabó a Dios.		

Lucas 6:12-16

Lee Lucas 6:12-16. Busca en el diccionario las siguientes palabras.

Discípulo:
Apóstol:

Nombra a los 12 discípulos de Jesús.

1.	7.
2.	8.
3.	9.
4.	10.
5.	11.
6.	12.

Lucas 11:1-4

Lee Lucas 11:1-4. Escribe el Padre nuestro.

Lucas 19:1-10

Lee Lucas 19:1-10. Contesta las siguientes preguntas.

1. ¿Quién era Zaqueo?

_____

_____

2. ¿Qué hizo Zaqueo para poder ver a Jesús?

_____

_____

_____

3. Jesús vino a buscar y salvar a:

_____

_____

Lucas 22:1-6

Lee Lucas 22:1-6. Contesta las siguientes preguntas.

1. ¿Cuál fiesta se aproximaba?

_____

_____

2. ¿Quién quería acabar con Jesús?

_____

_____

3. ¿Cuál discípulo decidió entregar a Jesús?

_____

_____

Lucas 22:7-20

Lee Lucas 22:7-20. Haz un dibujo de la lectura de hoy.

Lucas 22:47-53

Lee Lucas 22:47-53. Contesta la siguiente pregunta.

1. ¿Cómo traicionó Judas a Jesús?

Elige 2 palabras para buscarlas en el diccionario. Escribe su definición.

1.
2.

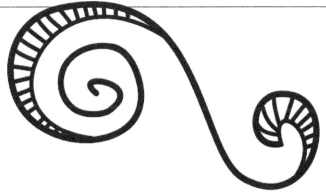

Lucas 22:54-62

Lee Lucas 22:54-62. Contesta las siguientes preguntas.

1. ¿Quién seguía a Jesús de lejos?

_____

2. ¿Cuántas veces negó Pedro a Jesús?

_____

3. ¿Por qué lloró Pedro?

_____

_____

Lucas 23:1-25

Lee Lucas 23:1-25. Escribe **Salmo 116:10**.

Lucas 23:26-43

Lee Lucas 23:26-43. Escribe el versículo 43.

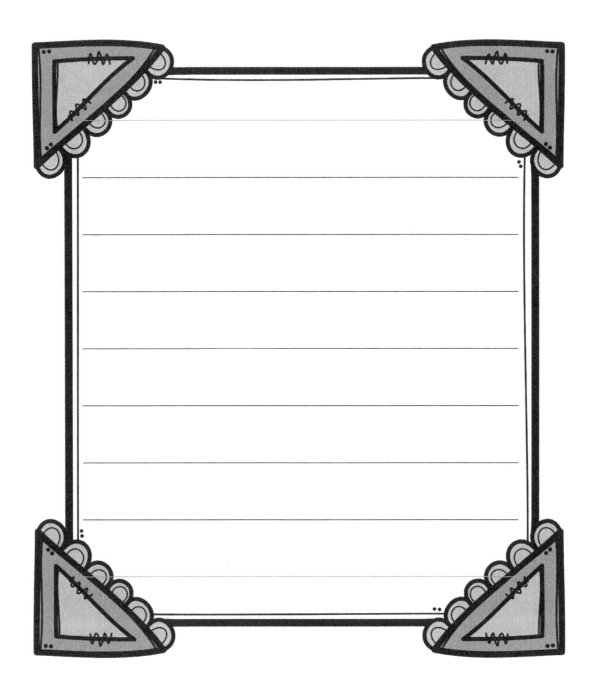

Lucas 23:44-49

Lee Lucas 23:44-49. Contesta la siguiente pregunta.

1. ¿Qué hizo el centurión cuando murió Jesús?

Encuentra 5 verbos y escríbelos en orden alfabético.

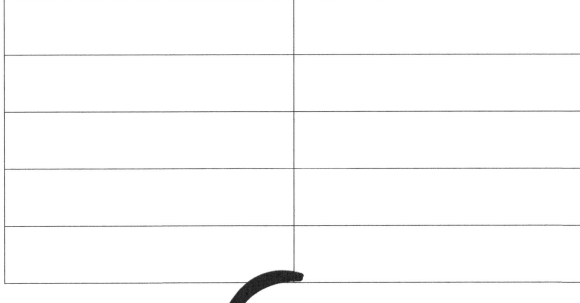

Lucas 23:50-56

Lee Lucas 23:50-56. Contesta las siguientes preguntas.

1. ¿Quién es el personaje principal en estos versículos?

_____

2. ¿Qué hizo José con el cuerpo de Jesús?

_____

_____

_____

3. ¿Qué hicieron el sábado las mujeres?

_____

Lucas 24:1–12

Lee Lucas 24:1–12. Dibuja una tumba vacía.

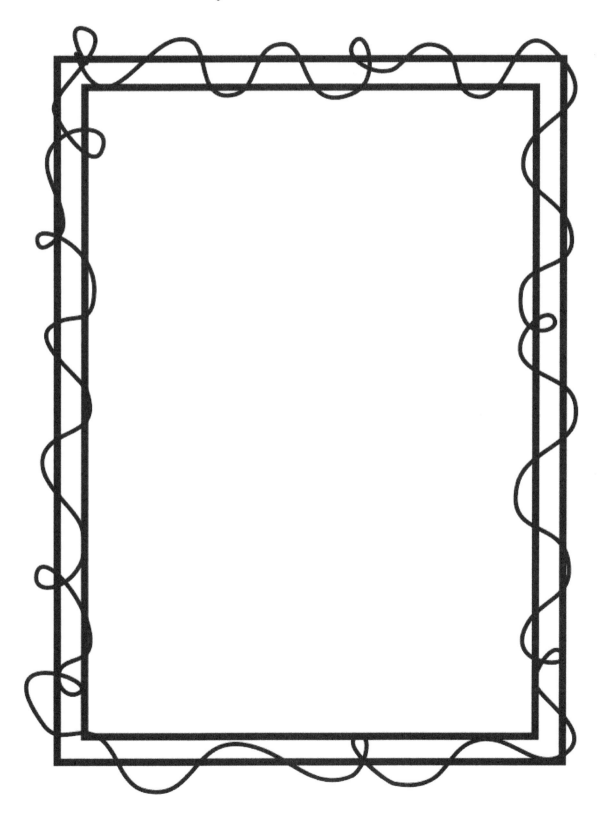

Lucas 24:36-53

Lee Lucas 24:36-53. Investiga y contesta las siguientes preguntas.

1. ¿Cuáles son las divisiones del Nuevo Testamento?

_____

_____

_____

_____

2. ¿Cuáles son los evangelios en la Biblia?

_____

_____

_____

_____

3. ¿Cuántas epístolas o cartas hay?

_____

4. ¿Cuál es el libro profético del Nuevo Testamento?

_____

5. ¿Cuál es el libro histórico del Nuevo Testamento?

_____

Escribe Lucas 24:53.

Salmo 25

Lee el Salmo 25. ¿Sabías que el Salmo 25 es un poema acróstico? Este poema sigue el orden del alfabeto hebreo. Escribe el versículo 8.

Escribe tu propio poema acróstico utilizando la palabra **Salmo**.

S

A

L

M

O

Quiero dar las gracias a Creative Clips Clipart by Krista Wallen por el fabuloso clipart que se encuentra en este trabajo. Por favor visita su tienda:

https://www.teacherspayteachers.com/Store/Krista-Wallden-Creative-Clips

Made in the USA
Coppell, TX
02 August 2020